Heute mal
Prinzessin?

Programmleitung Monika Schlitzer
Redaktionsleitung Martina Glöde
Projektbetreuung Kerstin Schlieker
Herstellungsleitung Dorothee Whittaker
Herstellungskoordination Ksenia Lebedeva
Herstellung Claudia Bürgers
Covergestaltung Bettina Bähnsch

Text Christine Paxmann
Lektorat Linda Sturm-Becker

ISBN 978-3-8310-3753-7
Druck und Bindung TBB, a.s., Slowakei

www.dorlingkindersley.de

Inhalt

Prinzessinnen früher und heute   4

Schön und schick   14

Tolle Prinzen –

doofe Prinzessinnen?   24

Leben wie eine Prinzessin   28

Immer nur rosa?   32

Starke Mädchentypen   36

Prinzessinnen und ihre Tiere   40

Einmal Prinzessin sein   46

Das Theaterstück   52

Das Prinzessinnen-Quiz   58

Begriffe   60

Tipps für Eltern   62

Prinzessinnen früher und heute

In der Klasse 2c herrscht große Aufregung.
Beim Sommerfest sollen die Schüler ein
Theaterstück aufführen. Alle Mädchen
wünschen sich, dass eine Prinzessin
darin vorkommt. Alle Jungs wünschen
sich ein Stück mit Superhelden.

Nach einer Weile bittet die Lehrerin,
Frau Hansen, um Ruhe und sagt:
„Ich habe einen Vorschlag. Wir führen
ein Prinzessinnen-Stück auf, in dem auch
Superhelden vorkommen!"

Damit sind alle einverstanden.
„Bevor wir uns ein Stück ausdenken, sollten
wir aber erst mal mehr über Prinzessinnen
wissen", sagt Frau Hansen.

„Eure Aufgabe nächste Woche ist es, euch über Prinzessinnen schlau zu machen. Und hier in der Schule reden wir darüber, was wir herausgefunden haben."

Jan meldet sich: „Haben wir dann gar keinen normalen Unterricht mehr?"
Frau Hansen antwortet: „Doch, aber in jedem Fach behandeln wir auch das Thema Prinzessinnen. Wer weiß, ob nicht Prinzessinnen ganz schöne Superhelden in Mathe sein können!"

Alle lachen, nur Jan grinst etwas gequält. In Mathe ist er nämlich weit von einem Superhelden entfernt.

Am nächsten Tag erklärt Frau Hansen
als Erstes, was Prinzessinnen überhaupt
sind.

„Lange Zeit war die Welt in Adel und
einfaches Volk unterteilt. Der Adel, das
waren meistens jene Menschen, die ein
Land regiert haben. Also Kaiser, Könige,
Prinzen.
Oder eben Kaiserinnen, Königinnen,
Prinzessinnen. Diese Regierungsform
heißt Monarchie.

Das änderte sich zum ersten Mal 1789 in
Frankreich. Da wehrten sich die einfachen
Leute gegen die herrschende Schicht.
Sie wollten selbst bestimmen. Heute sind
viele Länder Demokratien. Das heißt,
nicht der Adel herrscht, sondern das
Volk wählt sich selbst seine Regierung.
Trotzdem gibt es den Adel immer noch.

Es ist klar geregelt, wer sich König, Prinzessin oder Herzog nennen darf. Meist werden die Titel innerhalb der Familie vererbt. Die Tochter eines Königs oder einer Königin wird automatisch als Prinzessin geboren."

Lisa guckt ein wenig traurig. „Dann kann ich ja nie Prinzessin werden!" Aber Frau Hansen tröstet sie: „‚Kleine Prinzessin' kann auch ein Kosename sein!"

Jan ruft einfach in den Unterricht rein:
„Was tut eigentlich so eine Prinzessin den
ganzen Tag, außer schön auszusehen?"
„Gute Frage, Jan", sagt Frau Hansen,
„was glaubt ihr?"

Die Kinder rufen wild
durcheinander:
„Zum Friseur gehen",
„Kleider kaufen",
„Reisen", „Reiten",
„Verträge
unterschreiben",
„Museen eröffnen",
„Fein essen gehen",
„Fotos machen
lassen", „Viele Hände
schütteln!"
Frau Hansen sagt: „Ich denke,
Prinzessinnen haben oft ganz bestimmte
Aufgaben! Welche könnten das sein?"

Lisa sagt: „Sie müssen ein Vorbild sein!"
„Sie sind gut zu anderen Menschen!"
meint Mia.
Frau Hansen lächelt. „Ja, Prinzessinnen
setzen sich oft für wichtige Themen ein."

„Und eröffnen zum Beispiel
Waisenhäuser und backen
Kuchen!", ruft Lisa dazwi-
schen. „Oder verteilen Suppe
an Obdachlose!", meint Jan.
„Und sie gehen in Kranken-
häuser und trösten die
Patienten!", sagt Jule.

Leo lacht, aber Frau Hansen
nickt: „Vielen Menschen
bedeutet das etwas, wenn
eine Prinzessin sie besucht."

Prinzessinnen heute

Kronprinzessin Leonor von Spanien
ist die Tochter von Königin Letizia und
König Felipe von Spanien. Sie heißt
Kronprinzessin, weil sie im Augenblick
die Erste in der Thronfolge ist, also die
nächste Königin werden würde.

**Mette Marit, Kronprinzessin von
Norwegen**, ist mit dem norwegischen
Thronfolger Haakon verheiratet. Weil
er einmal den Thron besteigen wird,
wird Mette dann Königin von Norwegen
werden, obwohl sie nicht adelig ist.

**Königin Máxima, Prinzessin der
Niederlande**, trägt den Titel Königin
nur als Ehrenbezeichnung, weil ihr
Mann Willem-Alexander König der
Niederlande ist. Sie stammt aus einer
bürgerlichen Familie, das heißt,
sie ist nicht von Adel.

Victoria, Kronprinzessin von Schweden, wurde schon als Kind darauf vorbereitet, einmal Königin zu werden. Als sie geboren wurde, galt zwar noch die männliche Erbfolge, das heißt, ihr jüngerer Bruder wäre König geworden, aber 1980 wurde diese Regelung geändert.

Prinzessin Charlotte von Cambridge wurde 2015 geboren. Sie ist die Tochter des englischen Thronfolgers Prinz William und seiner Frau, Herzogin Catherine, genannt „Kate". Charlotte steht an vierter Stelle der Thronfolge.

In Deutschland gibt es eigentlich keine echten Prinzessinnen mehr. Denn vor rund hundert Jahren, nach dem 1. Weltkrieg, wurde die Monarchie abgeschafft. Das heißt, es gibt in Deutschland keine Könige mehr und somit auch keine Prinzen und Prinzessinnen.

Ist Prinzessin ein Beruf?

In der Vergangenheit bestand die wichtigste Aufgabe im Leben einer Prinzessin oft darin, den Mann zu heiraten, den ihre Eltern für sie auswählten. Das ist heute ganz anders.

Früher wurden in Königshäusern oft viele Kinder geboren. Die Prinzessinnen heirateten dann Prinzen in ganz Europa, um Freundschaften zwischen den Ländern zu festigen.
Maria Theresia (1717–1780) hatte zum Beispiel 16 Kinder. Viele von ihnen heirateten in andere Königshäuser ein. Maria Theresia erzog ihre Kinder liebevoll, aber streng. Alle wurden in Kunst, Musik, Staatskunde, Sprachen und Mathematik unterrichtet, die Mädchen außerdem in Handarbeiten.

Prinzessinnen heute gehen ganz normal zur Schule, studieren und erlernen einen Beruf. Außer sie sollen einmal Königin werden. Dann arbeiten sie im Staatsdienst, lernen viele Sprachen und sollten außerdem wirklich gute Diplomatinnen sein.

Maria Theresia als junges Mädchen

Ein gutes Beispiel ist Prinzessin Victoria von Schweden. Nach dem Militärdienst studierte sie Politikwissenschaft und arbeitete in der schwedischen Botschaft. Heute engagiert sie sich in der Friedens- und Entwicklungspolitik.

Viele Prinzessinnen nutzen ihre Stellung, um sich für gute Zwecke einzusetzen. Sie sind Schirmherrinnen von Spenden-Galas. Oder sie setzen sich für kranke Kinder oder arme Menschen ein. Durch ihre Berühmtheit lenken sie das Interesse auf diese Themen.

Kaum eine Prinzessin wurde so sehr von aller Welt geliebt wie Prinzessin Diana, die erste Frau des britischen Thronfolgers Charles. Sie setzte sich weltweit für Bedürftige ein. Man nannte sie „Prinzessin der Herzen". Diana kümmerte sich um Kranke und Verletzte. Besonders kämpfte sie gegen Hunger und Krieg in Afrika und gegen die Vernachlässigung von Kindern.

Schön und schick

Vor dem Sportunterricht binden sich
alle Kinder mit langen Haaren einen
Pferdeschwanz.
Da meldet sich die schüchterne Sara:
„Wie hat das denn die Kaiserin Elisabeth
gemacht mit ihren Haaren? Die war
doch so eine begeisterte Reiterin und
gewandert ist sie auch?"

„Eine gute Frage, Sara", sagt Frau
Hansen. „Elisabeth, oder Sisi, wie
sie auch genannt wurde,
hatte tatsächlich einen
Haar-Tick. Ihre Haare
waren fersenlang. Alle
drei Wochen badete sie
die Haare in Ei und Cog-
nac, um sie zu stärken.

Die Pflege ihrer Haare dauerte täglich bis zu drei Stunden! Und die Haarpracht wog fünf Kilogramm."

Tom lacht ungläubig. „Das ist ja verrückt!" Frau Hansen nickt. „Ja. Aber auch viele ‚normale' Leute sind ein bisschen ver-rückt, wenn es um Frisuren oder Kleider von Prinzessinnen geht.
Wenn Prinzessin Diana eine neue Frisur hatte, schrieben alle Zeitungen darüber und viele Frauen ließen sich ähnliche Haarschnitte machen.

Und wenn heute Prinzessin Kate etwas Besonderes anhat, kaufen alle diese Kleider. Manche vergessen dabei, dass auch Prinzessinnen Menschen wie du und ich sind."

Kaiserin Sisi wollte immer perfekt aussehen.

Später im Klassenraum zeigt Frau Hansen den Kindern einige Gemälde von Prinzessinnen. Sie fragt: „Fällt euch etwas auf bei den Bildern?" Mia meldet sich: „Alle sind ziemlich schön angezogen!" „Richtig", sagt Frau Hansen, „aber warum?"

Betty hat eine Antwort: „Damit man sah, dass sie berühmt waren!" Sina meint: „Weil sie sich nur besonders schön malen lassen wollten?"

Und Sara sagt: „Weil man dann sehen
konnte, dass sie reich waren?"
Leo ruft: „Ich finde, die sehen alle
so blass aus! Gar nicht gesund!"
Frau Hansen muss lachen.

„Ihr habt alle recht. Früher gab es eine
Kleiderordnung. Nur dem Adel war es
erlaubt, Seide und viel Schmuck zu
tragen. Außerdem war blass schick,
man puderte sich die Gesichter und
sogar die Haare."

Frau Hansen erzählt weiter:
„Die Herrscher eines Landes wollten
zeigen, wie wichtig sie waren.
Also ließen sie alle Familienmitglieder
malen, das konnten sich nämlich früher
nur wenige Menschen leisten."

Sina meldet sich: „Die Prinzessinnen
schauen einen alle an!"
„Stimmt", sagt Frau Hansen, „viele Bilder
sind im Halbprofil gemalt: Man sieht das
Gesicht leicht schräg, aber die Augen
blicken den Betrachter an.
Damit wird gesagt: Schau mich
an, ich bin ich!"

„Also sind die Bilder von den
Prinzessinnen eigentlich eine
ganz schöne Angeberei?",
fragt Leo.

Frau Hansen lacht: „Ja, da könntest
du recht haben. Aber durch die Porträts –
so nennt man Bilder von Personen –
erfahren wir auch einiges über die Zeit,
in der sie gemalt wurden!"

Frau Hansen schaltet den Beamer ein und
loggt sich auf einer Museumsseite ein.
Dort kann man verschiedene Porträts
von Prinzessinnen betrachten. Die Jungs
stöhnen erst, aber als sie hören, dass
es einige Porträtmaler gab, die reich
und berühmt wurden, sind sie ganz
aufmerksam.

Prinzessinnen-Maler

Wenn ein Maler Mitglieder der königlichen Familie malen durfte, war das eine große Ehre. Und wer seine Sache gut machte, konnte dadurch auch selbst bekannt oder sogar berühmt werden.

Franz Xaver Winterhalter (1805–1873) ließ von ein- und demselben Gemälde viele Kopien anfertigen. Die Kopien malte sein Bruder. Die berühmtesten Bilder von Winterhalter sind die von Kaiserin Sisi. Die musste dafür wahrscheinlich tagelang stillstehen.

Sir Edwin Henry Landseer (1802–1873) wurde Hofmaler bei Königin Victoria. Die liebte Hunde und ließ sich immer mit ihnen zusammen malen. Weil Landseer das so gut machte, wurde er zum Ritter geschlagen und durfte sich von da an Sir Landseer nennen.

Jean-August-Dominique Ingres (1780–1886) wurde zu einem berühmten Künstler seiner Zeit. Er malte Napoleon und viele Damen der adeligen Gesellschaft.

Francisco de Goya (1746–1828) war ein spanischer Porträtmaler. Seine Bildnisse der spanischen Königsfamilie waren nicht „geschönt", was ihm viel Kritik einbrachte, denn der Adel wollte damals „Idealbilder" von sich sehen.

Élisabeth Vigée-Lebrun (1755–1842) war eine der wenigen weiblichen Porträtmalerinnen der damaligen Zeit. Sie fertigte viele Porträts weiblicher Adeliger in ganz Europa an, auch von Königin Marie-Antoinette. Das wurde ihr zum Verhängnis. Nach der Französischen Revolution wurde sie 19 Jahre lang aus Frankreich verbannt.

Märchenprinzessinnen

Hans Christian Andersen und die Gebrüder Grimm haben vor rund 200 Jahren alte Volkssagen nacherzählt. Das Bild, das wir von Prinzessinnen haben, stammt aus dieser Zeit: schöne Frauen, die von einem Prinzen gefunden und gerettet werden.

Die Prinzessin auf der Erbse

Ein Prinz möchte heiraten und sucht eine Prinzessin. Er lässt alle Kandidatinnen auf 20 Decken schlafen, unter denen eine Erbse versteckt ist. Denn nur eine echte Prinzessin wird die Erbse spüren.

Das tapfere Schneiderlein

Eine Prinzessin will den Mann heiraten, der errät, welche Farbe ihre Haare haben, die unter einer Haube stecken. Ein armer Schneider hat die Lösung. Doch er muss sich eine List ausdenken, damit die Prinzessin ihr Versprechen auch hält.

Der Froschkönig

Einer verwöhnten Prinzessin fällt ihre goldene Kugel in den Brunnen. Ein Frosch will sie ihr wieder herausholen, wenn die Prinzessin ihn ins Schloss

mitnimmt. Die Prinzessin hält zwar ihr
Versprechen, aber sie ekelt sich so
sehr vor dem Tier, dass sie es an die
Wand wirft. Daraufhin verwandelt sich der
Frosch in einen Prinzen.

König Drosselbart

Eine Prinzessin soll einen Mann wählen, doch sie
ist mit keinem zufrieden. Über König Drosselbart
macht sie sich besonders lustig. Zur Strafe lässt
sie ihr Vater bei einem armen Mann schwer arbeiten.
Dabei erfährt sie, dass alles Land rundherum König
Drosselbart gehört. Als sie ihren Hochmut aufgibt,
erfährt sie, dass der arme Mann König Drosselbart ist.

Schneewittchen

Nach der Geburt der schönen Königstochter
Schneewittchen stirbt die Mutter. Die neue
Frau des Königs fürchtet, nicht mehr
die Schönste im Land zu sein. Die
Prinzessin soll sterben, doch die
sieben Zwerge verstecken sie. Als
die Königin Schneewittchen vergiftet,
rettet sie ein Prinz.

Tolle Prinzen –
doofe Prinzessinnen?

Am nächsten Morgen erzählt Lisa etwas
über ihre Lieblingsmärchen.
„Danke, Lisa, das war sehr interessant",
lobt Frau Hansen. „Schön, dass du uns
so viele Märchenprinzessinnen vorgestellt
hast."

Mia meint: „Eigentlich kommen die
Prinzessinnen in den Märchen gar nicht
so gut weg! Nur Schneewittchen finde
ich nett."
Jan meldet sich: „Die Prinzessinnen sind
ziemlich gemein! Sie sind selber total
empfindlich, nehmen aber keine Rück-
sicht auf andere."
Sina ruft aufgeregt dazwischen:
„Aber am Ende sind sie immer alle gut!"

„Ja, aber nur, weil sie durch den Märchenprinzen etwas gelernt haben!", meint Jan und grinst.

Betty wirft beleidigt ein: „Du glaubst wohl, die Prinzen sind Superhelden?"
Frau Hansen nickt. „Tatsächlich sind die Märchenprinzen so etwas wie die Vorbilder für alle Superhelden. Sie sind stark, schön, mutig und sie wollen die Welt oder zumindest eine Prinzessin retten!"
Jan grinst noch mehr und Sina streckt ihm die Zunge raus.

Da fällt Jule etwas ein: „Bei *Star Wars* gibt es doch auch eine Prinzessin, Leia. Sie ist eine richtige Superhelden-Prinzessin, sie will das Universum vor den bösen Sith retten!"
Frau Hansen freut sich. „Super! Ihr seht, Prinzessinnen sind nicht nur schön, sie wollen auch Gutes tun!"

„Kennt ihr noch andere Filme,
in denen Prinzessinnen vorkommen?",
fragt Frau Hansen.
Mia meldet sich. „Schneewittchen.
Das ist ja nicht nur ein Märchen,
sondern auch ein Zeichentrickfilm."

„Und ein berühmter noch dazu",
sagt Frau Hansen. „*Schneewittchen
und die sieben Zwerge* war der erste
Kino-Animationsfilm von Walt Disney.
Das war 1937. Walt Disney musste
sich dafür eine Menge Geld bei der
Bank leihen. Über 300 Zeichner
arbeiteten an dem Film!"

Sina sagt: „Ich habe in den Weihnachts-
ferien mit meiner Mutter *Sissi* angeschaut.
Der Film ist schon ziemlich alt, aber so
schön!"
Frau Hansen nickt. „Ja, *Sissi* wurde 1955
gedreht, aber viele Leute lieben den Film
auch heute noch. Fällt jemandem noch
ein neuerer Film mit einer Prinzessin ein?"

„*Die Eiskönigin*!", ruft Leo. „Da muss
die Prinzessin Anna ihre Schwester Elsa,
die Eiskönigin, finden, um das Königreich
zu retten. Den Film kenne ich nur, weil
meine Schwester den so oft guckt",
sagt er schnell, als er sieht, wie Jan grinst.

Leben wie
eine Prinzessin

Es ist Montag und alle Kinder sind ein
wenig müde.
„Na, habt ihr zu viel ferngesehen am
Wochenende?", fragt Frau Hansen.
Manche schauen betreten nach unten.

Aber Frau Hansen fragt schon weiter:
„Wenn irgendwo in Europa eine königliche
Hochzeit stattfindet, sitzen Millionen von
Menschen vor dem Fernseher.
Warum tun sie das?"
Sina meldet sich. „Weil
das schöne Bilder sind!"
„Weil jeder davon
träumt, so eine
Hochzeit zu haben!",
meint Mia.

Und Lisa sagt: „Es ist toll,
wie die Menschen am Straßenrand
stehen und den Kutschen zuwinken!"
Auch Jan meldet sich. „Mein Vater sagt,
das ist alles Kitsch!"
„Da hat dein Vater schon recht",
sagt Frau Hansen, „aber gerade das
mögen viele Menschen."

„Mein Vater interessiert sich immer
für die Geschichte der Königshäuser!",
erzählt Betty.
„Gut, dass du das sagst", lächelt Frau
Hansen. „Mit Königshaus meint man ja
eine königliche Familie. Aber diese
Familie wohnt natürlich auch in einem
richtigen Haus. Und damit wollen wir
uns jetzt in Werken beschäftigen!"

29

„Oh, schade", rufen Mia, Jule und Betty,
die sich auf Bilder von Hochzeiten gefreut
haben.

Im Werkraum fragt Frau Hansen
die Kinder, wie sie sich das Zuhause
einer Prinzessin vorstellen.
Jule sagt: „Mit vielen Zimmern und alles
sehr fein eingerichtet!"
Mia findet, dass Prinzessinnen immer
in einem Schloss leben müssen.
„Das ist heute gar nicht so einfach", sagt
Frau Hansen. „Schlösser sind meist alt,
groß und es muss viel erneuert werden.
Das kostet Geld."

Sina meldet sich. „Sie können doch das Schloss vermieten?"

Frau Hansen nickt. „Viele Schlossbesitzer vermieten ihren Besitz für Weihnachtsmärkte oder Konzerte. Oder als Film-Kulisse."

„Wir haben mal Schlösser an einem Fluss in Frankreich besucht", sagt Mia. „In den Schlössern war es sehr kalt!"

„Ja", sagt Frau Hansen. „Deshalb wohnen Prinzessinnen heute oft gar nicht im Schloss. Und die Schlösser werden von Urlaubern besichtigt. Aber wir basteln uns jetzt trotzdem ein richtig schönes Prinzessinnenschloss aus Pappe!"

Das berühmte Schloss
Neuschwanstein
bei Füssen (Bayern)

Immer nur rosa?

In Kunst fragt Frau Hansen
die Kinder nach ihrer
Lieblingsfarbe.
Sina meldet sich. „Ich mag
Rosa am liebsten, mein
ganzes Zimmer ist rosa!"
Betty ruft dazwischen:
„Ich mag Blau! Rosa ist
unpraktisch, das wird so schnell
dreckig. Damit kann man doch nicht
Skateboard fahren!"

Für Mädchen setzte
sich um 1900 die
Farbe Rosa durch.

Jan nickt heftig. „Genau, außerdem
ist Rosa nur was für Babys!"
Alle reden wild durcheinander.
Frau Hansen bittet um Ruhe. „Habt ihr
euch schon mal gefragt, warum so viele
Mädchensachen rosa sind und so viele
Jungensachen blau?"

Blau war die Farbe starker Männer. Also trugen Jungs plötzlich blau.

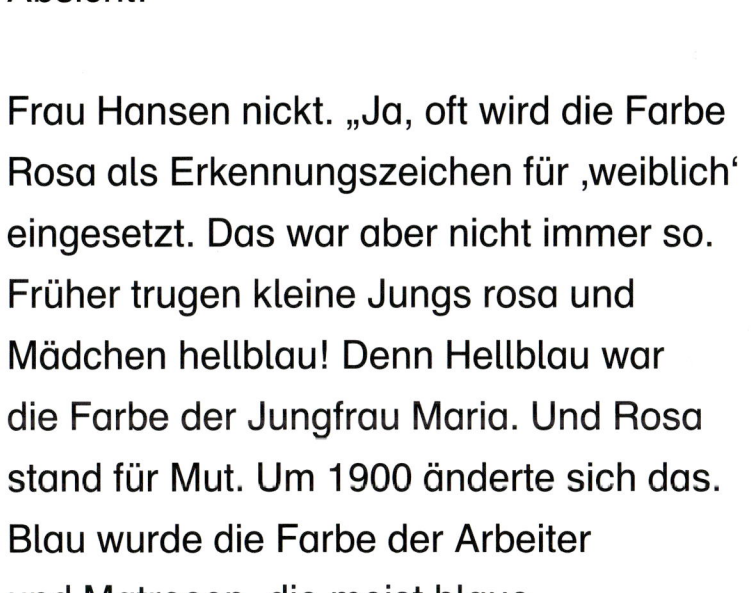

Sina will schon wieder was sagen, da meldet sich Leo. „Ich glaube, das passiert mit Absicht!"

Frau Hansen nickt. „Ja, oft wird die Farbe Rosa als Erkennungszeichen für ‚weiblich' eingesetzt. Das war aber nicht immer so. Früher trugen kleine Jungs rosa und Mädchen hellblau! Denn Hellblau war die Farbe der Jungfrau Maria. Und Rosa stand für Mut. Um 1900 änderte sich das. Blau wurde die Farbe der Arbeiter und Matrosen, die meist blaue Arbeitshosen trugen."

„Deswegen hat Superman wohl auch einen blauen Superanzug!", ruft Jan.

Mia, die wie Sina gerne rosa
T-Shirts trägt, meint: „Aber meine Mama
hat gesagt, dass Rosa auch die Farbe
des Feminismus ist. Also steht Rosa auch
für die Gleichberechtigung von Frauen
und Männern!"

Frau Hansen nickt. „Sehr gut, Mia!
Ja, Rosa ist heute auch eine Farbe
der Stärke. Für viele Leute steht
es für Selbstbewusstsein."

„Also, ich finde trotzdem, dass es wie eine Babyfarbe aussieht", murmelt Jan missmutig.

Frau Hansen wirft ihm einen strengen Blick zu. Dann gibt sie den Schülern ihre Aufgabe für die Kunststunde: Sie sollen ein Bild malen, in dem nur die Farben Rosa und Hellblau vorkommen!

Starke Mädchentypen

Am nächsten Morgen trägt Frau Hansen keine Jeans wie sonst, sondern ein blaues Kostüm. Irgendwie sieht sie damit ganz schön streng aus. Und in der Klasse ist es deutlich ruhiger als sonst. Gut so, denn heute sehen sie sich einen Animationsfilm an: *Cinderella*, also Aschenputtel.

Kaum ist der Film vorüber, meldet sich Jan. „Wieso war die Prinzessin denn blau angezogen? Ich denke, die tragen nur Rosa?", fragt er.
Die anderen Jungs lachen. Aber Frau Hansen bleibt ernst.

„Ja, in fast allen Märchenfilmen aus den Disney-Studios tragen die Prinzessinnen Blau. Darüber gibt es sogar Studien.

Was meint ihr? Warum machen große
Filmstudios so etwas?"
Sina sagt: „Vielleicht, weil Blau strenger
wirkt, so wie Sie heute, Frau Hansen?"
Frau Hansen lacht. „Eine gute Antwort!
Tatsächlich macht Blau einen strengen
Eindruck. Deshalb sind auch viele
Uniformen blau."

Mia meint: „Und blau sind auch meist
die Augen der Prinzessinnen! Das passt
gut!"
„Blaue Augen sind eher selten auf der
Welt, vielleicht spielt das
auch eine Rolle", sagt
Frau Hansen. „Aber
es gibt noch etwas!"

„Blau steht für Mut, das haben wir ja
schon gehört!", sagt Leo ganz stolz.

„Genau!", sagt Frau Hansen.
„Das wissen auch die Macher von Disney-
Filmen. Ihre Prinzessinnen sind keine
zarten hilflosen Dinger, sondern starke
junge Frauen, die eine eigene Meinung
haben. Das wird durch die blauen Kleider
noch unterstrichen!"

Und sie fügt hinzu: „Das Blau des
Himmels war schon immer ein Symbol
für Größe und Schönheit."

Frau Hansen erklärt, dass es
sogar Wissenschaftler gibt,
die sich mit der Wirkung
von Farben beschäftigen.

Demnach steht Blau für Selbstbewusstsein und einen starken
Charakter.

**Herzogin Kate
im blauen Kleid**

Prinzessinnen und ihre Tiere

Am folgenden Tag hat Betty einen dicken Verband am Knie. Frau Hansen fragt besorgt: „Was ist denn passiert, Betty?" Betty zuckt mit den Schultern.

„Es war gestern beim Reitunterricht. Keine Ahnung, warum Kasimir so gebuckelt hat. Jedenfalls bin ich in hohem Bogen vom Pferd gefallen!"

„Da sind wir ja gleich wieder beim Thema! Habt ihr eine Ahnung, warum Prinzessinnen früher so gute Reiterinnen waren?", fragt Frau Hansen.

Die Jungs murren, langsam gehen ihnen die Prinzessinnen auf den Keks.

Aber da antwortet Sina auch schon:
„Mädchen lieben Pferde, und Prinzessin-
nen hatten sicher viele eigene Pferde."
Frau Hansen lacht. „Ja, die meisten
Adelshäuser hatten große Gestüte."
Und Lisa meint: „Auch weil man früher
so viel auf die Jagd ging!"

„Richtig", sagt Frau Hansen. „Früher
durfte nur der Adel jagen, und viele
Prinzessinnen waren Jägerinnen und
Reiterinnen."

„Es gibt auch viele Bilder von
reitenden Prinzessinnen",
sagt Jule. „Ich hab
ein Buch aus
der Bücherei
mitgebracht."
„Danke, Jule, das
schauen wir uns
gemeinsam an",
sagt Frau Hansen.

Verrückt nach Pferden

Reiten gehört zu den „noblen" Sportarten. An Adelshöfen veranstaltete man früher gerne sportliche Wettkämpfe auf Pferden. Reiten war weniger eine Sportart, sondern diente der Geselligkeit. Frauen nahmen daran genauso teil wie Männer.

Falkenjagd

Vor der Erfindung des Buchdrucks wurden Bücher von Hand gemalt. Der Herzog von Bery (1340–1416) ließ ein sogenanntes Stundenbuch mit Szenen aus dem Alltag der adeligen Gesellschaft malen. Darin sieht man, dass Frauen oft mit zur Jagd ritten.

Mit der Erfindung des Damensattels im 16. Jahrhundert wurden immer mehr Frauen begeisterte Reiterinnen. Prinzessinnen erhielten Reit- und Jagdunterricht. Und sie ließen sich in eleganten Jagdkleidern zusammen mit den Pferden malen. Deshalb gibt es so viele Bilder von Prinzessinnen und ihren Pferden.

Prinzessin Anne von England ist eine leidenschaftliche Reiterin. Sie hat in der Disziplin Military, einer besonders harten Reitsportart, sogar bei Olympia mitgemacht. Gelernt hat sie an der Spanischen Hofreitschule in Wien.

Die **Spanische Hofreitschule** in Wien war die Pferdeakademie für die kaiserliche und königliche Familie. Gelernt wurde auf Lipizzanern – das ist eine besondere Pferderasse. Heute wird die Spanische Hofreitschule von vielen Touristen besucht.

Prinzessin Sisi, die spätere Kaiserin von Österreich, galt als Pferdenärrin. Schon als Kind ritt sie ständig aus, denn ihr Vater Max von Bayern förderte die Reitbegeisterung seiner Tochter. Später zähmte sie wie eine Art Pferdeflüsterin schwierige Pferde. Die Pferde und das Reiten waren für Sisi eine Möglichkeit, den strengen Regeln am Hof zu entfliehen.

Prinzessinnen und ihre Hunde

Nachdem sie das Buch über Prinzessinnen und Pferde angesehen haben, meldet sich Lisa. Sie liebt Tiere und wünscht sich schon lange einen Hund.

„Hatten nicht auch einige Prinzessinnen Hunde?", fragt sie.
„Oh ja!", antwortet Frau Hansen.
„Viele Prinzessinnen waren und sind große Hundefreundinnen.

Früher lag das vielleicht daran, dass sie sich in ihren Schlössern einsam fühlten. Oft ließen sie sich auch mit ihren treuen Freunden malen."

Eine ganz besondere Hundefreundin war **Kaiserin Sisi**. Aus England brachte sie die riesigen Irischen Wolfshunde mit. Sie hielt Leonberger, Pudel und Spaniel. Als Kind spielte sie mit den Dackeln und Schäferhunden ihres Vaters.

Königin Margarete von Dänemark liebt ihre Dackel. Die dürfen sogar bei Staatsempfängen fast alles, was manchmal recht peinlich ist. Zum Beispiel, wenn sie an der falschen Stelle Pipi machen.

Queen Elisabeth ist für ihre große Liebe zu Hunden bekannt. Schon als Prinzessin bekam sie die Hündin Susan geschenkt. Susan wurde die Mutter all ihrer Corgis, einer kurzbeinigen, freundlichen Rasse.

Auch moderne Prinzessinnen setzen sich für Hunde ein. **Prinzessin Gabriele zu Leiningen** gründete 2002 die Organisation „SOS Projects – für Mensch und Tier".

Einmal Prinzessin sein

Am nächsten Morgen hat Frau Hansen einen großen Karton dabei. „Ich habe euch Verkleidungen mitgebracht", sagt sie. „Feine Prinzessinnen-Kleider, aber auch andere Sachen. Manches davon können wir in unserem Theaterstück verwenden. Aber erst mal darf sich jeder etwas aussuchen!"

Die Schüler jubeln und stürzen sich auf die Kostüme. Bald sieht es in der Klasse aus wie beim Karneval.

„So ein Krönchen verändert ganz schön",
findet Lisa, die ganz vorsichtig mit
Trippelschritten geht, damit ihr die kleine
Krone nicht vom Kopf fällt.

Betty hat rosa Ballettschuhe und ein Tutu
entdeckt und tanzt herum. „Darin fühlt
man sich wie eine Prinzessin!"

Frau Hansen hat auch ein langes
weißes Kleid dabei. Es ist ihr
Hochzeitskleid. „Leider passe ich
nicht mehr hinein, aber ihr dürft es
gerne anprobieren!"

Jan hält es sich vor den Bauch:
„Sehe ich jetzt aus wie eine Prinzessin?"
Alle lachen, denn Jan hat ziemlich
lange Haare. Das Kleid steht ihm gut.
Und schon hat er den Spitznamen
„Prinzessin Jan" weg!

Nach der Pause fragt
Frau Hansen die Kinder,
ob sie auch noch andere
Prinzessinnen kennen.
Mia hebt die Hand.
„Meine Tante war einmal
Spargelprinzessin!"
Jan rutscht ein Lachen heraus.

Frau Hansen nickt. „Viele Gegenden
wählen eine Königin oder eine Prinzessin,
um für ihre Waren zu werben. So gibt es
in Gebieten, in denen Spargel angebaut
wird, eine Spargelprinzessin. Und viele
Weinbauern küren eine Weinprinzessin."

„Aber was machen denn diese Prinzessinnen?", fragt Leo neugierig.
„Die machen Werbung für den Spargel
oder den Wein!", sagt Betty.

„Genau richtig", sagt Frau Hansen.
„Sie haben ein schönes Kleid an und
meist eine kleine Krone auf dem Kopf.
Das macht sich auf den Fotos gut."

Jule weiß auch noch etwas: „Meine Tante
kommt aus Köln und dort gibt es eine
Karnevalsprinzessin! Die muss vom
11. November an, wenn der Karneval
beginnt, bei ganz vielen Festen und
Veranstaltungen dabei sein. Und
an den Faschingstagen fährt
sie auf dem Festwagen
mit und verteilt Kamelle,
also Bonbons."

Was essen eigentlich Prinzessinnen?

Natürlich essen Prinzessinnen wie du und ich. Aber weil eine Speise gleich viel besser klingt, wenn in ihrem Namen das Wort Prinz oder Prinzessin vorkommt, gibt es einige Gerichte, die sozusagen „adelig" sind.

Prinzregententorte

Diese Torte ist nach dem bayerischen Prinzregenten Luitpold benannt. Der war vermutlich ein Schleckermaul und mochte diese Schichttorte aus Buttercreme, Schokolade und Biskuit.

Prinzessböhnchen

Diese Bohnen sind ganz besonders zart, weil sie jung gepflückt werden.

Prinzenrolle

Den Keks mit dem Prinzenbild gibt es schon seit ungefähr 1855. Ein belgischer Bäcker hat den Doppelkeks erfunden. Er wollte einen köstlichen und haltbaren Keks entwickeln, den sich auch ärmere Leute leisten konnten. Ihren Namen bekam die Prinzenrolle zu Ehren des belgischen Thronprinzen Leopold II.

Gar nicht üppig

Wer denkt, dass Prinzessinnen den ganzen Tag leckere Sachen essen, täuscht sich. Manche Prinzessinnen haben einen Speiseplan wie Supermodels. Nur Gesundes kommt auf die königlichen Teller: viel Gemüse, wenig Zucker und von allem nur die Hälfte. Da muss man ziemlich diszipliniert sein! Kaiserin Sisi, die vor über 100 Jahren lebte, hielt übrigens damals schon strenge Diät.

Das Theaterstück

Frau Hansen ist sehr zufrieden mit der 2c.
„Ihr habt alle super mitgemacht und wir
haben viel über Prinzessinnen gelernt.
Ich bin stolz auf euch! Jetzt denken wir
uns ein Theaterstück für das Sommerfest
aus!"
Sie nehmen sich einen ganzen Vormittag
Zeit, um ihr Stück zu schreiben.

Es handelt von einer Prinzessin, die sich
in ihrem Schloss einsam fühlt. Deshalb
gründet sie ein Tierheim.
Viele der Tiere werden vom Tierarzt
Dr. Blau vermittelt. Hunde und Katzen,
sogar Pferde sind dabei, denn zum
Schloss gehört eine Pferdekoppel.

Als ein Zirkus in die Stadt kommt, ist die Sorge groß. Zu viele Tiere sind alt oder krank. Der Zirkus wird aufgeben müssen. Die Prinzessin veranstaltet einen Spendentag auf ihrem Schloss, an dem Geld für den Zirkus gesammelt wird.

Und sie nimmt alle alten Tiere bei sich auf, damit der Zirkus weiter bestehen kann. Von einem Bauern bekommt die Prinzessin viel Heu für die Tiere geschenkt. Auch ein Metzger spendet Futter. Dr. Blau behandelt die Tiere umsonst.

Da meldet sich Leo. „Was ist denn jetzt
mit den Superhelden?"
Lisa antwortet: „Das ganze Stück besteht
doch aus Superhelden. Auch die Prinzessin ist eine Superheldin. Alle kümmern
sich um die alten Tiere. Und viele wollen
helfen."
„Das finde ich auch", sagt Frau Hansen.
„Die Prinzessin hat Platz in ihrem Schloss
und rettet mit ihrem Tierheim Tiere. Und
alle anderen helfen dabei."

„Ich würde gern den Dr. Blau spielen!",
ruft Jan.
Frau Hansen nickt. „Eine gute Idee.
Superman hat ja auch einen blauen
Anzug. Da passt der Name doch prima.
Und Leo kann den großzügigen Bauern
spielen!"

Leo grummelt erst, aber dann ist er ganz zufrieden. Er ist nämlich schon ein paar-mal Traktor gefahren. Ein Superheld auf einem Traktor – das gefällt ihm.
Nur unter den Mädchen ist der Streit groß, wer die Prinzessin spielen darf. Aber da muss eben das Los entscheiden.

Bezaubernde Bügel

Schöne Kleidung gehört auf schöne Kleiderbügel. Leider sehen die meisten Bügel langweilig aus. Wenn du sie verzierst, kannst du daraus echte Hingucker machen.

Du brauchst
- Holzkleiderbügel
- Papier
- Bleistift
- Stecknadeln
- Filz
- Volumenvlies aus Polyester
- Nadel und Faden

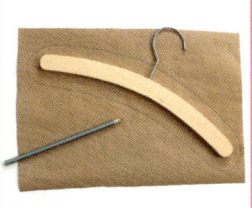

1. Lege einen Kleiderbügel auf ein Stück Papier und zeichne die Umrisse ab. Lass dabei rundherum etwa 2,5 cm Platz.

2. Schneide die Form aus. Mit dieser Papiervorlage kannst du jetzt so viele Bügel gestalten, wie du möchtest.

3. Stecke die Vorlage auf zwei Lagen Filz fest und schneide sie aus. So erhältst du zwei identische Filzstücke. Entferne die Stecknadeln.

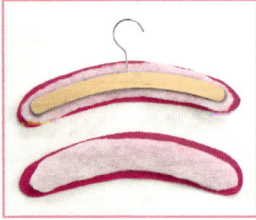

4. Schneide ein Stück Vlies aus, das kleiner als der Filz, aber größer als der Bügel ist. Lege es auf den Filz, dann platziere den Bügel darauf.

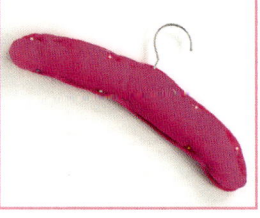

5. Lege ein weiteres Stück Vlies und das zweite Stück Filz auf den Bügel. Die Seiten steckst du mit Stecknadeln zusammen.

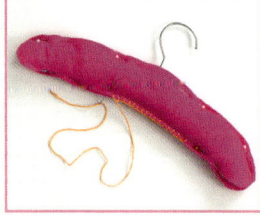

6. Nähe die Filzstücke zusammen. Bitte ruhig einen Erwachsenen um Hilfe. Ziehe die Stecknadeln heraus und verziere deinen Bügel.

Schneide aus Filzresten Blumen aus und klebe oder nähe sie auf deinen Bügel.

30
Min.

Verziere die Törtchen mit Zuckerguss, Streuseln und Süßigkeiten!

Himmlische Törtchen

Zutaten

- 150 g weiche Butter
- 150 g Zucker
- ½ Päckchen Vanillezucker
- 150 g Mehl
- ½ TL Backpulver
- 3 Eier, verquirlt

Diese Törtchen schmecken einfach super! Nach dem Backen kannst du sie kreativ mit Zuckerguss und Süßigkeiten dekorieren. Iss sie nicht alle auf einmal!

Für den Guss

- 225 g Puderzucker
- 2–3 EL Wasser
- Lebensmittelfarbe

1. Heize den Backofen auf 180 °C vor und stecke Papierförmchen in Muffinbleche. Du brauchst 20 Stück.

2. Rühre Butter, Zucker und Vanillezucker cremig. Gib Mehl, Backpulver und Eier dazu und vermische alles gut.

3. Gib den Teig in die Förmchen und backe die Törtchen etwa 15 Minuten, bis sie fest und goldgelb sind.

4. Lass die Törtchen abkühlen. Schneide jeweils die oberste Schicht ab. Verrühre die Zutaten für den Guss und verziere die Törtchen.

Das Prinzessinnen-Quiz

1. Wie heißt die Kronprinzessin von Schweden?

2. Wie viele Kinder hatte Maria Theresia?

3. Welche britische Prinzessin setzte sich besonders für Arme und Kranke ein?

4. Welche Prinzessin hatte fersenlange Haare?

5. Welche Film-Prinzessin ist gleichzeitig eine Art Superheldin?

6. Welche Farbe haben die Kleider von Prinzessinnen in Disney-Filmen oft?

7. Wie nennt man besonders zarte Bohnen?

Antworten auf Seite 64

Begriffe

Adel
Früher die herrschende Schicht, Familien, die bestimmte Vorrechte hatten.

Animationsfilm
Zeichentrickfilm.

Botschaft
Vertretung eines Staates im Ausland.

Demokratie
Staat, in dem das Volk in freien Wahlen seine Regierung wählt.

Diplomat
Jemand, der in einer Botschaft arbeitet. Auch: Jemand, der geschickt und klug verhandeln kann.

Feminismus
So nennt man die Frauenbewegung, die das Ziel verfolgt, dass Frauen die gleichen Rechte wie Männer haben.

Gestüt
Betrieb, der Pferde züchtet.

Kitsch
Abwertend: Geschmacklosigkeit

Kopie
Genaue Nachbildung eines Gegenstandes oder Bildes.

Kronprinzessin
Prinzessin, die in der Thronfolge an erster Stelle steht.

Kulisse
Hintergrund, Bühnendekoration.

Küren
Für einen Ehrenposten auswählen.

Monarchie
Staatsform, in der jemand wegen seiner (adeligen) Herkunft regiert, zum Beispiel ein König oder Kaiser.

Revolution
Umsturz, Umwälzung der bisherigen politischen Verhältnisse.

Schirmherr
Jemand, der eine Einrichtung oder Veranstaltung fördert und betreut.

Spenden-Gala
Feierliche Veranstaltung, auf der Spenden (Geld) für einen guten Zweck gesammelt werden.

Thronfolge
Nachfolge in einer Monarchie: Regelung, wer nach dem Tod des Herrschers als Nächstes Herrscher wird.

Liebe Eltern,

Lesen macht Spaß! Denn es gibt so viele spannende Geschichten. Und Lesen ist sehr nützlich, denn viele Informationen erschließen wir uns lesend. Beides sollte Ihr Kind am Ende seines Leselern-Prozesses erfahren haben.

Mit den **SUPER**LESER!-Büchern für Erstleser möchten wir Ihrem Kind genau das vermitteln. Die Leseabenteuer in drei verschiedenen Lesestufen verbinden wunderbar spannende Geschichten mit vielen interessanten und nützlichen Sachinformationen in unterschiedlichen Textformen wie Berichten, Briefen, Bastelanleitungen, Rezepten oder Infotafeln.

So können Sie Ihr Kind dabei unterstützen, dass es begeistert und erfolgreich lesen lernt:

Haben Sie Geduld! Nicht jedes Kind ist eine geborene Leseratte und manche brauchen etwas länger, um sich mit dem Lesen anzufreunden. Lesen Sie Ihrem Kind auch weiterhin vor. Dabei bekommt es ein Gefühl für fließendes Lesen, ausdrucksstarke Sprache und richtige Betonung. Fragen Sie es immer wieder einmal, ob es Ihnen vorlesen möchte. Seien Sie geduldig. Irgendwann wird die Neugier auf die Geschichten siegen.

Je mehr, desto besser! Mit jedem Text, den Ihr Kind liest – sei es ein Gedicht, eine Geschichte oder ein Sachtext –, werden sich seine Lesefähigkeit, sein Gefühl für Sprache und sein Verständnis schwieriger Wörter weiterentwickeln. Am besten liest es regelmäßig, aber nur so lange, wie es mag. Dabei reichen am Anfang zehn Minuten völlig aus.

Nicht zu schnell! Achten Sie darauf, dass Ihr Kind sich Zeit nimmt, jedes Wort in Ruhe auszusprechen und seine Bedeutung zu verstehen. Die Sachtexte sind für Ihr Kind etwas schwerer zu lesen als die erzählenden Passagen. Loben Sie Ihr Kind, wenn es sich ein schwieriges Wort erschlossen hat oder einen Satz noch einmal anders betont liest, nachdem es den Sinn verstanden hat.

Seien Sie ein guter Zuhörer! Wenn es bereit ist, lassen Sie Ihr Kind laut vorlesen und hören Sie ihm aufmerksam zu. Unterbrechen Sie es nur, wenn es wirklich nötig ist. Oder machen Sie zwischendurch, zum Beispiel vor Beginn eines neuen Kapitels, kleine Pausen, in denen Sie über das Gelesene sprechen. Auch die Quizfragen am Buchende bieten eine spielerische Möglichkeit, das Textverständnis zu überprüfen.

Geteilte Freude ist doppelte Freude! Laden Sie andere Zuhörer und Vorleser – Geschwister, Großeltern oder gute Freunde – ein: Lesen Sie mit verteilten Rollen oder veranstalten Sie einen Lesenachmittag. Nach der ersten Aufregung werden Stolz und Freude an den geteilten Geschichten überwiegen.

Seien Sie Vorbild! Wenn Sie selbst viel lesen, wird auch Ihr Kind dies als selbstverständliche und erfüllende Beschäftigung kennenlernen.

Spaß muss sein! Wählen Sie die Bücher und Texte nach den Interessen Ihres Kindes aus. Das erhöht die Lust aufs Lesen und sorgt für lang anhaltende Motivation.

Wir wünschen Ihnen und Ihrem Kind viel Freude beim gemeinsamen Lesen!

Dank und Bildnachweis

Der Verlag dankt folgenden Personen und Organisationen für die freundliche Genehmigung zum Abdruck von Fotos:

(Abkürzungen: o = oben, u = unten, m = Mitte, l = links, r = rechts, g = ganz, Hg = Hintergrund)

1 Dreamstime.com: Ishook. **4 123RF.com:** Olha Ivanenko / farbakolerova (om). **5 123RF.com:** Sergey Novikov / serrnovik (ur). **7 123RF.com:** Vadim Guzhva / vadimgozhda (ur). **8-9 123RF. com:** hreni (Hg). **9 123RF.com:** alenin (r). **10-11 123RF.com:** Vitalii Bashkatov / vian1980 (Hg/ Blumen). **10 Alamy Stock Photo:** Richard Wareham Fotografie (mru). **Dreamstime.com:** Enriquecalvoal (mro). **11 123RF.com:** popmarleo (ur). **Dreamstime.com:** Lorna Roberts / Lornaroberts (mr). **12 Wikipedia:** Kunsthistorisches Museum Wien, Gemäldegalerie. **13 Alamy Stock Photo:** Trinity Mirror / Mirrorpix (ur). **Dreamstime.com:** Markwaters (or). **14 123RF.com:** Olha Ivanenko / farbakolerova (om). **iStockphoto.com:** duncan1890 (ur). **15 Wikipedia:** (ur). **16 123RF.com:** Janniwet Wangkiri / Scenery1 (u/Rahmen). **The Metropolitan Museum of Art:** Robert Lehman Collection, 1975 (u/Bildnis). **16-17 123RF.com:** neyro2008 (Zeichnungen). **17 123RF.com:** Janniwet Wangkiri / Scenery1 (ur/Rahmen). The Metropolitan Museum of Art: Gift of Jessie Woolworth Donahue, 1954 (ur/Bildnis). **18 Wikipedia:** Stiftung Preußische Schlösser und Gärten Berlin-Brandenburg (ul). **19 123RF.com:** Janniwet Wangkiri / Scenery1 (ur/Rahmen). **The Metropolitan Museum of Art:** Gift of Kate T. Davison, in memory of her husband, Henry Pomeroy Davison, 1951 (ur/Bildnis). **20 Alamy Stock Photo:** Heritage Image Partnership Ltd (mro). **20-21 123RF.com:** obradov (Hg). **21 The Metropolitan Museum of Art:** Robert Lehman Collection, 1975 (m). **22 123RF.com:** Alexey Ivanov / goodmoments (mr). **22-23 123RF.com:** David Franklin / davidfranklinstudioworks (Schleife). **23 123RF.com:** Kichigin Aleksandr / alexkich (or); Yulia Koltyrina / liakoltyrina (ur). **24 123RF.com:** Olha Ivanenko / farbakolerova (om). **26-27 123RF.com:** Jakub Krechowicz / sqback (Filmklappe); Mark Vorobev / 3dmavr. **28 123RF.com:** Olha Ivanenko / farbakolerova (om); Karel Joseph Noppe Brooks / karelnoppe-clear (ur). **29 123RF.com:** Suparada Khocharoen / sky123rf (or). **30-31 123RF.com:** Ondrej Prosicky / ondrejprosicky (u). **32 123RF.com:** Anna Bizoň / gpointstudio (mro); Olha Ivanenko / farbakolerova (om). **33 123RF.com:** Maxim Maksutov / maxutov (ur); Alexander Sorokopud / bonzodog (or). **34 123RF.com:** henrypark. **35 Alamy Stock Photo:** Holly Vegter (or). **36 123RF. com:** Olha Ivanenko / farbakolerova (om). **37 123RF.com:** popmarleo (or). **38-39 123RF.com:** popmarleo (u). **39 Getty Images:** Danny Martindale / WireImage (mu). **iStockphoto.com:** nicoletaionescu (or). **40 123RF.com:** Olha Ivanenko / farbakolerova (om). **41 123RF.com:** Marian Bauer / marosbauer (ur). **42 Alamy Stock Photo:** Granger Historical Picture Archive (mr). **43 Dreamstime.com:** Ariadna De Raadt / Araraadt (ur). **44 123RF.com:** anyka (mru); Olha Ivanenko / farbakolerova (om). **46 123RF.com:** choreograph (u); Olha Ivanenko / farbakolerova (om). **48 123RF.com:** Irina Kharchenko / kharchenko (or). **49 Alamy Stock Photo:** Rosanne Tackaberry (ur). **51 123RF.com:** Olena Yakobchuk / iakovenko (u). **52 123RF.com:** Olha Ivanenko / farba-kolerova (om). **53 123RF.com:** Kari Haraldsdatter Høglund / karidesign (u). **55 123RF.com:** Tami Freed / tamifreed (u/Traktor); Lyudmila Korkina / lyusya (Rahmen). **60 123RF.com:** Olha Ivanenko / farbakolerova (ur).

Umschlagbilder: Vorderseite: Dreamstime.com: Brebca (Mädchen), Ilka-erika Szasz-fabian / Erierika (Schultafel).

Alle anderen Abbildungen © Dorling Kindersley
Weitere Informationen unter: **www.dkimages.com**

Antworten:
1. Victoria, 2. 16, 3. Diana, 4. Elisabeth
(Sisi), 5. Leia aus *Star Wars*™, 6. Blau,
7. Prinzessböhnchen.

Lisas neuer Hund

Nachwuchs bei uns im Zoo

LEGO NINJAGO
NINJA IN GEFAHR

STAR WARS
DAS ERWACHEN DER MACHT

Annas Safari-Tagebuch

Meine Reise zu den Elefanten

Wo bist du, kleiner Delfin?

Lea lernt reiten

LEGO NINJAGO
COOLE NINJA-ABENTEUER

STAR WARS
DIE ABENTEUER VON BB-8

Kampf um Burg Eliot

Expedition zum Mars

Ein Ferienhund für Hannah

Bei uns in der Steinzeit

LEGO THE NINJAGO MOVIE
DIE BESTEN NINJA DER WELT

STAR WARS
REYS GEHEIMNIS

Krokodil-Abenteuer am Fluss

Mein Sommer mit den Pandas

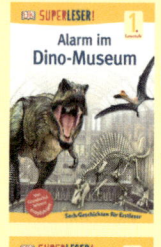
Alarm im Dino-Museum

Löwen-Abenteuer

LEGO STAR WARS
DAS ERWACHEN DER MACHT

STAR WARS
DIE LETZTEN JEDI

Paul im Fußballcamp

Nächste Station Jupiter

Insekten top getarnt

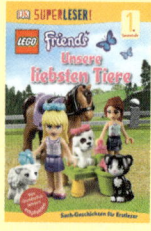
LEGO Friends
Unsere liebsten Tiere

LEGO STAR WARS
DIE LETZTEN JEDI

STAR WARS
LICHTSCHWERT-ABENTEUER

Abenteuerferien im Regenwald

Willkommen auf meiner Burg

Bei uns auf dem Bauernhof

STAR WARS REBELS
WER SIND DIE REBELLEN?

Lottes Reise durch den Dschungel

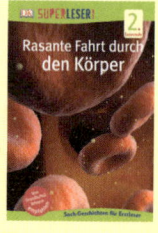
Rasante Fahrt durch den Körper